MATHIEU DE DOMBASLE.

MATHIEU DE DOMBASLE.

LETTRE

A

MM. LES MEMBRES

DE LA

SOCIÉTÉ CENTRALE D'AGRICULTURE DE NANCY,

PAR J.-C. FAWTIER,

FERMIER, ÉLÈVE DE ROVILLE,

MEMBRE CORRESPONDANT.

NANCY,	PARIS,
GRIMBLOT ET VEUVE RAYBOIS,	VEUVE BOUCHARD-HUZARD, LIB.,
IMPRIMEURS-LIBRAIRES,	Rue de l'Eperon, 7.
Place Stanislas, 7,	CHAMEROT, LIBRAIRE,
et rue Saint-Dizier, 125.	Rue du Jardinet, 13.

1845.

NANCY, IMPRIMERIE DE VEUVE RAYBOIS ET COMP.

Messieurs,

La Société m'a fait l'honneur de m'annoncer que notre célèbre sculpteur, M. *David* d'Angers, désirait prendre connaissance des notices biographiques publiées sur M. *de Dombasle*, à la statue duquel il se propose de consacrer, d'une manière si désintéressée, son remarquable talent.

Comme je présume que l'intention de M. *David* est de chercher dans ces biographies des renseignements qui le guident dans sa composition, et lui indiquent la pose, l'aspect, l'agencement et l'*habitus* à donner à la statue de l'homme éminent dont il veut bien reproduire le type et les traits, je me vois dans la nécessité de vous déclarer que, parmi les divers essais de biographie qui ont paru jusqu'à ce jour , il n'en est aucun qui contienne, sur la personne de **M.** *de Dombasle* et sur les habitudes de sa vie intime, des détails dont notre célèbre statuaire puisse tirer parti pour sa composition monumentale. Sans prétendre le moins du monde faire ici la biographie de M. *de Dombasle*, je vais tenter de suppléer, de mon mieux, à cette pénurie de renseignements sur l'homme supérieur dont la science agronomique déplore la perte.

Ce qui m'enhardit à présenter ici mes souvenirs , c'est que j'ai vécu pendant près de vingt ans avec lui ou dans son voisinage , et qu'ayant eu l'avantage d'être , durant ces vingt années , son élève , son disciple et son ami , j'ai pu , plus que tout autre , trouver l'occasion de l'étudier sous tous ses aspects.

M. *de Dombasle* était d'une stature élevée. Sa charpente osseuse était assez forte ; mais il était d'une extrême maigreur, qu'avaient amenée, sans doute, des excès de travail intellectuel et les ravages d'une gastrite passée, depuis nombre d'années, à l'état chronique.

Sa taille était droite, même dans les derniers moments de sa vie, lorsqu'il avait près de 67 ans. Ses épaules, suffisamment larges, bien effacées et légèrement tombantes, ne présentaient encore alors aucune voussure. Sa tête, bien dégagée des épaules, était, comme celle de tous les penseurs, un peu inclinée en avant, et ne se relevait que lorsqu'il était animé ; mais elle n'était pas d'une grosseur remarquable. La partie antérieure du crâne, que les physiologistes considèrent comme le siége des capacités intellectuelles, présentait seule un développement considérable, non pas en saillie, mais en largeur. La partie postérieure, au contraire, était peu développée. Les disciples de *Gall*, d'après des principes très-contestables d'ailleurs, considèrent cette circonstance comme l'indice d'un caractère peu passionné, et c'était là, en effet, un des traits saillants du moral de M. *de Dombasle*. Le sommet de son crâne offrait aussi, un peu en arrière, une forte saillie, et semblait confirmer l'opinion des phrénologistes, qui considèrent ce développement comme le signe d'un caractère ferme, persévérant et même opiniâtre. M. *de Dombasle* avait effectivement, dans ses idées, une persévérance et quelquefois une opiniâtreté naturelles, que sa haute raison et l'évidence seules parvenaient à modérer.

La matière cérébrale était chez lui encore plus développée que ne l'aurait fait supposer le volume de la boîte osseuse du crâne. Le médecin (M. le docteur *de Schaken*, de Nancy) qui l'a soigné dans ses derniers moments et qui a présidé à son autopsie, m'écrivait quelques jours après sa mort : « Le cerveau nous a offert de » profondes circonvolutions, qui donnaient à la matière » cérébrale dévolue aux facultés intellectuelles un dé- » veloppement remarquable ; ce qui rend compte de la » prédominence de la vie intellectuelle de M. *de Dombasle* » sur les facultés physiques. »

Du reste, à moins d'avoir été admis dans son intimité, on ne pouvait guère se faire une idée exacte du volume et de la conformation de son crâne, non plus que de la couleur de ses cheveux, qui avaient été noirs, fins et soyeux, parce que M. *de Dombasle*, par suite d'une affection nerveuse, s'était vu, depuis longtemps, dans la nécessité de se couvrir la tête d'une forte perruque, au-dessous de laquelle il ajoutait en outre une ou deux calottes plus épaisses encore.

Sa face était étroite et allongée. Il avait le nez long et mince, légèrement et correctement voussé. Ses pommettes étaient un peu saillantes et ses joues creuses. Ses oreilles, inclinées en arrière, minces et mal dessinées, étaient assez larges, présentaient un pavillon développé et se détachaient fortement dans la partie supérieure.

Il avait la bouche grande, la lèvre supérieure assez mince, et l'inférieure forte et débordant un peu la supérieure ; enfin son menton était rond, légèrement proéminent et sans fossette. Ses yeux étaient noirs, assez petits, et très-couverts par des arcades sourcilières saillantes, mais peu garnies de sourcils.

Son teint avait cette couleur mate, bistrée et maladive de la plupart des hommes de lettres. Sa peau portait des traces nombreuses, mais peu profondes, de petite vérole, maladie dont il fut atteint peu après sa vingtième année, et à laquelle il doit peut-être sa célébrité. Une blessure, en raccourcissant la belle jambe du mondain caballero Don *Ignace de Loyola*, a donné un saint de plus au catholicisme, et la petite vérole nous a valu un des plus illustres agronomes de l'Europe. On assure, en effet, que ce ne fut qu'à partir de l'époque qui suivit cette maladie, que M. *de Dombasle* mit dans ses études une suite et une persévérance qui ne se démentirent plus depuis. Il étudia dès lors, avec ardeur et succès, presque toutes les langues de l'Europe, les sciences mathématiques, naturelles et physiques, et principalement la chimie, dans laquelle il se fit une réputation distinguée.

Cependant, malgré les ravages de la petite vérole, sa figure conserva toujours un caractère de dignité et de distinction qui, dès le premier abord, inspirait le respect pour sa personne. Sa physionomie était grave, sérieuse, pensive, un peu triste même, mais jamais chagrine. Il était silencieux, peu communicatif et peu expansif. On reconnaissait tout de suite en lui l'homme absorbé par l'habitude de la méditation. Il avait la vue très-mauvaise, au point même de ne pouvoir presque pas se servir de ses yeux pour lire ou écrire. En conséquence, son regard

avait ordinairement peu d'éclat , et semblait même voi-
lé , lorsqu'il travaillait intellectuellement. Il parlait peu
et par monosyllabes; mais, lorsqu'il s'animait, ses yeux
devenaient brillants et son regard acquérait un éclat
extraordinaire. Il s'exprimait alors avec beaucoup de
vivacité, et au point même que ses paroles , ne rendant
pas à son gré assez promptement ses pensées, devenaient confuses et incomplétement articulées. Il n'était
donc pas orateur ; il le savait et en convenait. Je ne pus
même jamais le décider, malgré des instances pressantes et
réitérées , à professer d'une manière méthodique et con-
tinue, comme on le fait ordinairement. Il avait besoin
d'être provoqué pour parler. Tout son enseignement se
passait en discussions , entre ses élèves et lui. Les élèves
le questionnaient , lui faisaient des objections , et il répondait directement et d'une manière concise ; mais, la
réponse faite, il s'arrêtait , et ne recommençait à parler
qu'au moyen de nouvelles questions, qui, du reste, ne
manquaient jamais. Nous avons cru un instant que le
ministère l'appellerait au Conseil d'Agriculture, au Conseil d'Etat, à la Pairie même ; mais il déclara constamment qu'il refuserait, et cela surtout à cause de l'embarras

qu'il éprouverait à parler en public et à s'exprimer en improvisant. Ce n'était là que le résultat d'une timidité naturelle et d'un manque d'habitude ; car il composait et dictait avec une grande facilité, et du premier jet. Sa mémoire était vraiment prodigieuse, et ceux qui le connaissaient ne pouvaient pas dire de lui qu'il était *doctus cum libro*. Il arrivait bien rarement qu'il se trouvât dans la nécessité de consulter les ouvrages qu'il avait lus une fois. Aussi sa bibliothèque n'était-elle guère plus nombreuse que celle d'un écolier. Il aimait la célébrité sans doute, et tenait beaucoup à sa grande réputation ; mais il n'avait aucune ambition de places ni d'honneurs. Ainsi, lorsque, vers la fin de sa carrière de fermier, le Gouvernement, à l'instigation de la Commission agricole de la chambre des députés, parut enfin songer sérieusement à le récompenser de ses nombreux travaux, M. *Desjobert*, député, ancien élève de Roville, fut chargé par ses collègues de la commission de pressentir M. *de Dombasle* sur les fonctions publiques qui pourraient être à sa convenance, et de lui demander quelle serait celle dans laquelle il croirait pouvoir être d'une plus grande utilité pour le pays. « Je lui écrivis le 2 mai 1842, » me mandait M. *Desjobert*, « et le 5, il me répondait que,

» tout en sentant vivement le témoignage d'intérêt de la
» commission de la chambre , il n'ambitionnait cepen-
» dant aucune fonction publique , et qu'il préférait conti-
» nuer à travailler à sa manière , et vivre , à Nancy ,
» occupé de sa fabrique d'instruments aratoires et de ses
» travaux et publications agricoles. » Noble désintéresse-
ment que n'ont pas toujours montré nos savants , trop
souvent entraînés à accepter des fonctions presque étran-
gères à leurs spécialités ! Les gouvernements commettent
quelquefois une bien fâcheuse erreur en absorbant des
hommes spéciaux , sous prétexte de les récompenser, dans
des fonctions qui les détournent des travaux utiles auxquels leurs longues études les avaient rendus si propres ,
et cela , au moment même où ils pouvaient rendre les
plus grands services à la science et à la chose publique.
Rien de plus juste , rien de plus digne , en même
temps , d'un gouvernement éclairé , que de récompenser le talent et la haute capacité; mais ces récom-
penses devraient, ce me semble , avoir pour but , en
mettant au-dessus du besoin ceux qui ont bien mérité de leur patrie , de favoriser surtout le développement et l'application de leurs spécialités si péniblement
acquises.

Comme la plupart des hommes dominés par l'amour de la science, M. *de Dombasle* attachait fort peu de prix à l'argent ; et, si sa pauvreté, si les nécessités de son exploitation rurale ne lui permettaient pas d'être indifférent aux résultats pécuniaires de sa culture, la plus grande satisfaction qu'il y trouvait, était celle de pouvoir par là continuer son œuvre. Aussi, dès qu'il le pouvait, s'empressait-il d'employer les produits qu'il avait obtenus de sa culture, en améliorations du sol, autant que le comportait sa position précaire de fermier, ou en essais pour l'avancement de la science et de la pratique agricoles. Cette marche était donc peu propre à l'enrichir, et, loin de s'étonner, comme l'ont fait quelques personnes, du peu de profits qu'il a réalisés dans sa culture, on devrait n'y voir que le résultat nécessaire d'une manière d'être presque inhérente au caractère général des expérimentateurs. M. *de Dombasle* avait été ruiné par les événements politiques, avant son entrée à Roville ; il n'a pu entreprendre l'exploitation de ce domaine, comme fermier, qu'au moyen d'un capital d'exploitation fourni par des actionnaires. Ce capital était très-restreint, eu égard aux accessoires de la culture de Roville. De plus, M. *de Dom-*

basle avait à lutter contre bien des difficultés que je ne puis énumérer ici , mais que je signalerai peut-être un jour , en envisageant M. *de Dombasle* comme agriculteur praticien ; et cependant , malgré tous ces obstacles , M. *de Dombasle* a vécu pendant vingt ans sur les produits de sa culture ; il a toujours dirigé cette culture dans le but d'instruire le public , et il est arrivé au terme de son bail sans aucune perte dans son agriculture , et après avoir recouvré le capital d'exploitation que les actionnaires lui avaient fourni. J'ai la conviction que, dans toute autre position , avec d'autres vues et une meilleure santé , M. *de Dombasle* eût obtenu des résultats pécuniaires très-remarquables ; mais, tout modestes qu'aient été ceux qu'il a réalisés , les hommes sérieux , impartiaux , au fait du travail et de la production agricoles , jugeront, je n'en doute pas , qu'ils ont été tout ce qu'ils pouvaient être dans une semblable position. M. *J. B. Say*, qu'on n'accusera pas de voir l'agriculture avec prédilection , et qui a laissé chez ses disciples un instinct hostile à cette industrie , M. *J. B. Say* avait parfaitement compris combien il y aurait d'injustice à évaluer le mérite du directeur d'une ferme-école d'après la somme des bénéfices de sa culture , et combien il serait déraisonnable de vouloir obtenir , des établissements de ce genre , *des produits, au lieu de leur faire produire de l'instruction* (1).

M. *de Dombasle* était d'une modération parfaite , ne s'emportait jamais , et semblait devenir d'autant plus calme et maître de lui-même , qu'il était plus fortement provoqué. Sa parole était toujours grave , toujours convenable ; il n'employait jamais d'expressions déplacées , blessantes ou hautaines , et son aspect froid et réservé inspirait toujours le respect à ceux qui l'abordaient , quelque fréquentes que fussent leurs relations avec lui.

Bien qu'il fût peu communicatif et que son extrême réserve semblât tenir tout le monde à distance , ses élèves joignaient, à une grande déférence pour son talent, une affection et un respect sans bornes pour sa personne. Sa parole était toujours religieusement écoutée par eux, et cela était d'autant plus remarquable, qu'une

(1) Cours complet d'économie politique pratique.

tendance prononcée au scepticisme formait le trait le plus caractéristique de l'école de Roville.

Il était extrêmement sobre dans la manière de se nourrir, beaucoup trop sobre même ; car, si son intelligence se trouvait bien de ce régime d'anachorète, son corps a fini par succomber prématurément, par suite d'une alimentation trop restreinte et trop peu réparatrice.

Il consacrait la majeure partie du jour à l'étude et à la méditation ; c'était là tout son plaisir. Son temps était réglé avec une précision minutieuse : chaque besogne avait son heure. C'est par là qu'il est parvenu à faire autant de choses (car peu d'hommes ont autant écrit que M. *de Dombasle* dans les vingt dernières années de sa vie); mais il en résultait que tout dérangement à ses habitudes lui était très-désagréable, et le mettait visiblement mal à l'aise.

Buffon disait que *le génie n'est qu'une plus grande aptitude à la patience ;* M. *de Dombasle* avait cette aptitude à un haut degré. Lorsqu'il avait entrepris un travail

quelconque , il le poursuivait avec une constance soute-
nue , et sans que rien parût le rebuter. Il mettait la même
persévérance dans l'exécution de ses projets , lors même
qu'ils paraissaient établis sur des principes douteux , et
il n'y renonçait que lorsque les preuves de son erreur lui
devenaient de toute évidence. Cette persistance était chez
lui le double résultat d'une opiniâtreté naturelle , jointe
au désir d'étudier une question dans toutes ses consé-
quences. Cette manière d'agir en industrie a été fréquemment contraire à ses intérêts ; mais elle a souvent
contribué aux progrès de la science. De là aussi les contradictions assez fréquentes que l'on remarque dans ses
écrits. Ces contradictions ont étonné un grand nombre
de ses lecteurs : ce n'était là cependant qu'une preuve
de sa bonne foi, et un progrès vers la vérité. De deux
opinions contradictoires émises par M. *de Dombasle*, la
seconde est généralement la plus vraie ; parce qu'il n'a-
vait avancé la première que sur ouï-dire, tandis que la
seconde était le résultat de sa propre expérience. *Volney*
disait avec infiniment de raison (1) : « Je poserais volon-

____

(1) Leçons d'histoire à l'école normale.

» tiers en principe que ce que chaque homme possède
» de préjugés et d'idées fausses vient d'autrui , par la
» crédule confiance accordée aux récits; tandis que ce
» qu'il possède de vérités et d'idées exactes, vient de lui-
» même et de son expérience personnelle. »

La plupart de ceux qui ont écrit sur M. *de Dombasle*,
ont avancé qu'il avait , dans sa jeunesse , suivi la carrière
des armes. Le fait est inexact; car jamais M. *de Dombasle*
n'a été militaire. Voici la vérité à cet égard. Dans les
premières années de la République, la famille de M. *de
Dombasle*, qui avait occupé un rang distingué dans l'a-
ristocratie nancéienne (le père de notre agronome avait
été grand-maître des eaux et forêts de Lorraine), parta-
geait fort peu les idées dominantes alors, bien qu'aucun
de ses membres n'eût pris part à l'émigration. Elle
comprit cependant que , lorsque toute la jeunesse cou-
rait aux armes pour défendre nos frontières , elle ne
pourrait sans danger peut-être rester entièrement étran-
gère à ce grand et noble mouvement. Mais, pour concilier
ses opinions intimes et les exigences du moment, elle
prît le parti d'envoyer le futur cultivateur à l'armée ,

non pas comme soldat, mais comme employé dans le service des convois, service d'ailleurs fort peu belligérant à cette époque, puisqu'il n'avait pas encore l'organisation militaire qu'il a reçue depuis. Ce fut en cette qualité que M. *de Dombasle*, l'aîné de sa famille et fort jeune d'ailleurs, se rendit dans la petite province du Luxembourg, dont l'armée française bloquait alors la capitale. Six mois environ après son départ de Nancy, Luxembourg, tombant sous le canon républicain, arborait le pavillon tricolore, et le jeune *de Dombasle* rentrait aussitôt dans les foyers paternels, dont il ne s'était éloigné que d'une vingtaine de lieues, et sans avoir brûlé une amorce. Il avait fait cette courte et unique campagne, la plume à la main comme comptable subalterne.

Telle fut la prétendue carrière militaire de M. *de Dombasle*. Vous voyez qu'elle ne mérite pas d'être mentionnée; et, si j'en ai parlé, c'est uniquement pour rectifier une erreur.

Du reste, la carrière des armes, fort glorieuse sans doute, mais aussi la plus facile de toutes et la plus à portée de tous, n'est pas la seule où l'homme puisse être utile à ses concitoyens , et M. *de Dombasle* a bien prouvé ensuite que le cultivateur aussi peut servir et illustrer son pays , et faire preuve de patriotisme. Il avait en effet, à un haut degré, cet amour de la patrie, condamné par quelques cosmopolites qui se prétendent les amis du genre humain , afin de se dispenser sans doute de donner des preuves de leur amour pour leurs proches et leurs concitoyens.

Il était constamment préoccupé du désir de faire sortir notre agriculture de l'état d'infériorité dans lequel elle se trouve , par rapport à celle de plusieurs autres peuples de l'Europe. Il n'a pour ainsi dire travaillé que dans ce but, et, si, dans ses écrits , il cite fréquemment les exemples fournis par l'agriculture anglaise , c'est qu'il pensait que , pour agir sagement , on doit tirer profit des bons exemples , de quelque part qu'ils nous viennent. Les Romains modifièrent les diverses pièces de leur armure, selon que les peuples ennemis leur en offraient de meilleurs modèles : M. *de Dombasle* pensait avec raison que nous devions en user de même pour nos procédés agri-

coles et industriels ; mais, bien qu'il allât souvent chercher des modèles dans l'agriculture de la Grande-Bre-
tagne, il n'en avait pas moins conçu une antipathie pro-
fonde pour cette nation égoïste, chez laquelle toutes
les vertus, comme autant d'affaires commerciales, sem-
blent avoir un compte ouvert par débit et crédit ; pour
ce peuple de marchands jaloux, qui résume tout en écus,
qui ne se pare de libéralisme que pour exploiter les autres
peuples, qui n'a de philanthropie que dans ses paroles, et
qui, en réalité, a tous les vices du mercantilisme le plus
cupide et le plus envieux.

On comprend qu'avec de pareils sentiments, que parta-
gera toujours la partie agricole et je crois le plus pro-
fondément nationale de la population française, M. *de
Dombasle* dut repousser avec énergie la plupart des
principes d'économie politique internationale proclamés
par les économistes français de l'école d'*Adam Smith* et
de *J. B. Say*, c'est-à-dire, de l'école anglaise.

Tout en reconnaissant les grands services que cette
école a rendus à l'esprit humain, et tout en rendant un

digne hommage aux hommes éminents qui l'ont illustrée, M. *de Dombasle* avait en même temps des idées trop pratiques, pour ne pas sentir vivement combien l'application immédiate des principes de cette école serait funeste aux intérêts de notre agriculture et même à ceux des classes industrielles, dans l'état actuel des choses. Trop éclairé cependant pour rejeter ces principes comme à jamais inapplicables, il pensait que le temps seul devait amener graduellement et progressivement cette liberté illimitée du commerce que, dans leur ardeur de réformes, les économistes anglais voudraient voir réaliser immédiatement. M. *de Dombasle* y voyait à la fois la ruine de notre agriculture et celle de la majeure partie de notre industrie manufacturière et commerciale. Bien qu'il fût partisan décidé de la paix, il était loin, cependant, de nous croire délivrés du fléau de la guerre; et cette guerre, qu'il eût voulu du moins glorieuse pour la France, il la considérait comme devant nous être infailliblement flétrissante et amener de nouvelles humiliations et de nouveaux désastres, si, ouvrant brusquement nos marchés à l'Angleterre et au reste de l'Europe, nous laissions étouffer dans leurs germes les sources déjà si fécondes de notre production agricole et manufacturière.

J'ai dit au commencement de cette lettre que M. *de Dombasle* avait une constitution maladive ; et ce fut réellement un miracle de la vie des champs, d'avoir maintenu sa santé au milieu des nombreuses occupations dont tout autre homme, même très-valide, eût été accablé. Je le vis pour la première fois en 1824 : il avait tout au plus quarante-sept ans alors ; mais sa santé était déjà tellement altérée, que je lui supposai soixante et dix ans au moins. Près de vingt ans après, il semblait n'avoir pas pris un jour de plus, et me paraissait au contraire plus vigoureux qu'en 1824.

Les nombreux travaux de cabinet que M. *de Dombasle* s'était imposés volontairement, neutralisèrent en majeure partie la bienfaisante influence de la vie rurale, pour le complet rétablissement de sa santé, et maintinrent chez lui cette irritation du système nerveux, qui imprimait à toutes ses habitudes un certain caractère de tristesse, d'originalité et presque de sauvagerie. Il fuyait le monde, autant par le besoin de se livrer sans trouble à ses méditations, que par hypocondrie. Mais ce qui chez lui resta toujours inaltérable, c'était une délicatesse à

toute épreuve, une grande probité; non pas cette probité élastique et conventionnelle du faiseur d'affaires,
mais cette vertu limpide, qui ne peut résulter que d'une
manière noble et délicate de sentir en toutes choses.

Pour quiconque pouvait l'examiner de près, M. *de
Dombasle* était, comme intelligence et moralité, un
homme de la plus haute distinction; mais il arrivait souvent que ceux qui ne le connaissaient que par ses écrits, se
faisaient de sa personne une idée fausse, au physique
comme au moral. Dans son discours de réception à l'Académie française, *Buffon* a dit : « Le style est l'homme
même. » J'avoue que je n'ai jamais bien compris la valeur de ces paroles, si souvent citées d'ailleurs. *Molière*,
dont les écrits ont si fort réjoui ses contemporains et ceux
qui ont vécu après lui, était un homme d'un aspect
malheureux, et d'une humeur triste et mélancolique.
Tel faiseur de pastorales, ou d'écrits pleins de sensibleries romanesques, *Bernardin de St-Pierre*, par exemple,
était dans sa vie intime d'un caractère maussade et chagrin. Cette disparate entre le style et la manière d'être se
faisait également remarquer chez M. *de Dombasle*. Son

style simple, clair, coulant et souvent plein de bonhomie, donnait tout d'abord l'idée d'un homme d'une constitution replète, sanguine, d'une humeur facile, causeuse et même joviale ; tandis qu'en réalité il était sérieux, grave, taciturne et cérémonieux , même avec les personnes de sa famille et celles qu'il affectionnait le plus.

On aurait eu tort, cependant , d'en conclure que son âme, qui semblait s'être réfugiée dans son cerveau et dans une méditation continuelle , n'était plus capable d'élans de sensibilité, ni susceptible d'affections vives. Je ne citerai, pour démontrer le contraire , que le fait suivant, qui prouve en même temps la tendresse qu'il pouvait concevoir pour ses élèves.

Dans la seconde année de son bail à Roville , il reçut au nombre de ses disciples un jeune homme venu du midi de la France , et qui , après avoir séjourné à Hoffwyl auprès de M. *de Fellenberg*, errait alors à la recherche des hommes qui pouvaient le plus contribuer à compléter son instruction agricole. Ce jeune homme gagna l'affection de M. *de Dombasle* , par son amour pour l'étude, et peut-être aussi, comme résultat des contrastes, par son irascibilité méridionale. Or, il arriva que, dans la deuxième ou troisième année de son séjour à Roville , il eut un jour une altercation avec son maître , pour lequel , d'ailleurs, il avait la plus grande estime et l'attachement le plus vif et le plus sincère. La cause en était futile : il s'agissait d'une demande à laquelle M. *de Dombasle* ne voulait pas acquiescer. L'élève était tenace ; M. *de Dombasle*, inflexible dans sa volonté. Le premier devait céder , à cause de son âge, de son infériorité, et par dessus tout parce qu'il avait tort. Il n'en fit rien et joignit l'emportement à la déraison. Il était bien jeune alors !... M. *de Dombasle* resta impassible devant la colère insensée de son élève , et ils se séparèrent de telle sorte qu'il semblait impossible qu'ils pussent se revoir désormais. Cependant l'élève dont il s'agit n'était point méchant foncièrement, ni ingrat ; et un quart d'heure suffit pour lui inspirer un remords aussi prompt que son emportement avait été soudain. Se repentir, écrire à la hâte à M. *de Dombasle*, et charger son condisciple et ami M. *Salmon* de porter sa lettre , furent l'affaire de quelques instants. M. *Salmon* remit la lettre à M. *de Dom-*

basle et la lui lut. Pendant cette lecture, ce dernier paraissait vivement agité; mais, dès qu'elle fut terminée :
« Courez, dit-il, et amenez-le sur-le-champ. » M. *Sal*
mon trouva son ami dans une grande anxiété et, l'entraî-
nant vers la demeure du maître : « Hâte-toi, lui dit-il,
» courons, le Père (c'est ainsi que nous nommions M. *de*
» *Dombasle*), le Père t'appelle, marchons vite ! » — Ils
arrivèrent bientôt. Le coupable entra plein de trouble, et,
s'élançant dans les bras de son maître, ouverts pour le
recevoir, ils s'embrassèrent en silence et en versant d'a-
bondantes larmes ; larmes amères pour l'un, car c'é-
taient celles du repentir, et bien douces pour son maître,
car c'étaient celles du pardon ! Hélas ! Messieurs, je ne
saurais vous exprimer tout ce que cette scène me causa
d'émotions diverses et quel souvenir ineffaçable j'ai con-
servé de cet acte de ma jeunesse ! Car, il faut bien l'a-
vouer, le besoin d'expiation m'en fait un devoir impé-
rieux : cet élève, c'était moi ! Mais, à l'amertume du
souvenir de cet emportement de mon jeune âge, se mêle
la douce satisfaction de pouvoir faire connaître la sensibilité de cet excellent homme, sensibilité que j'eusse peut-
être méconnue moi-même, si ma faute n'eût donné à

mon ancien maitre l'occasion de me révéler tout ce que son âme renfermait d'indulgence et de bonté.

Je me bornerai maintenant, pour finir cette esquisse du portrait de M. *de Dombasle*, à vous dire quelques mots du costume habituel de notre célèbre agronome. Ce costume répondait à la vie modeste et à la gravité du caractère de l'homme qui le portait. Il se composait, d'ordinaire, d'une capote de couleur foncée, exactement boutonnée, d'un gilet blanc et d'une cravate blanche mise avec soin. Des pantalons assez amples et une forte chaussure maintenue par des guêtres de même étoffe que les pantalons, complétaient ce costume. La mise de M. *de Dombasle* était loin de se modifier selon les caprices de la mode ; mais elle était toujours d'une propreté irréprochable, et même recherchée dans sa simplicité.

Voilà, Messieurs, de bien minutieux détails ; mais j'ai pensé qu'ils pourraient peut-être offrir quelques renseignements utiles à M. *David* d'Angers ; et c'est ce qui m'a encouragé à les consigner ici.

Il a été question, à Nancy, de la pose qu'il conviendrait de donner à la statue de M. *de Dombasle*. Personne, assurément, ne pourra en décider avec plus de convenance, de tact et de talent que M. *David* lui-même. J'ai été dans le cas de contempler quelques-unes de ses productions, et, ce qui m'y a le plus frappé comme un trait de génie, propre à cet artiste de premier ordre, c'est le naturel, la simplicité et, si je puis m'exprimer ainsi, l'éloquence naturelle des poses. Je me garderais donc bien d'émettre une opinion à l'égard de la pose à donner à la statue de M. *de Dombasle,* si M. *David* pouvait voir dans ce que je vais dire la moindre prétention à lui venir en aide ; mais sa supériorité est trop incontestable, et ses preuves trop belles et trop nombreuses, pour qu'il puisse y reconnaître autre chose que le rêve d'un disciple reconnaissant, à propos d'un maître dont le souvenir lui est cher à plus d'un titre.

Je me suis donc figuré M. *de Dombasle* représenté par M. *David* dans la simplicité de son costume ordinaire, la tête nue, légèrement inclinée en avant, regardant la foule, et lui montrant, de l'index de la main gauche, les mancherons d'une charrue (de celle qui porte son nom) placée auprès de lui ; et tenant dans sa main droite un manuscrit sur lequel eraient inscrits ces mots : *Annales de Roville*.

Je me représentais M. *de Dombasle* indiquant seulement du doigt la charrue, au lieu d'y appuyer la main, parce qu'il n'était pas de ces cultivateurs manouvriers auxquels, je ne sais pourquoi, on réserve exclusivement le nom de *praticiens*. M. *de Dombasle*, en effet, n'a jamais exécuté par lui-même aucun des travaux des champs, et, bien qu'il ait, plus que personne, employé une grande variété d'instruments aratoires, il a dressé tous ses ouvriers à leur emploi sans jamais y mettre lui-même la main.

En indiquant une charrue, M. *de Dombasle* me semblait aussi rendre l'idée dominante chez lui, que la force réelle, indomptable, indestructible, la véritable moralisation du pays, la source la plus assurée comme la plus pure de sa richesse, se trouvait dans la classe agricole et dans l'agriculture, pour laquelle la France lui paraissait éminemment favorisée, par son sol et son climat si variés, et par l'intelligence et le goût instinctif de ses populations.

Le livre que je voyais placé dans la main droite de M. *de Dombasle*, figurait ses travaux intellectuels, et, en même temps, semblait indiquer à la foule que l'agriculture elle-même a aussi sa science; que le travail de l'esprit n'est pas moins utile et indispensable à cette industrie; et qu'enfin la célébrité populaire peut devenir l'apanage des hommes qui consacrent leur vie et les forces de leur intelligence au progrès d'un art qui sert de base et d'aliment à tous les autres. Enfin ce rapprochement de la charrue, de l'instrument et du livre, me paraissait symboliser la principale influence des travaux de M. *de Dombasle* qui, sinon le premier, du moins plus que tout autre, a fait comprendre qu'il n'y a de véritable science agronomique, que celle qui a sa source dans l'observation directe et personnelle des faits matériels.

La France a produit, avant la venue de M. *de Dombasle*, des observateurs judicieux et de bons écrivains agronomiques : des hommes d'un esprit distingué ont écrit sur l'agriculture, en même temps que le fermier de Roville ; mais aucun d'eux n'est parvenu à exercer une influence pareille à la sienne, pour l'avancement simultané de l'art et de la science du cultivateur. Aucun n'a opéré un aussi intime rapprochement entre la pratique et la théorie de l'agriculture, parce que personne, mieux, ni même autant que lui, n'a fait plus clairement sentir que ces deux branches de l'agriculture doivent être inséparables l'une de l'autre, pour que nous puissions parvenir enfin à constituer et à posséder les véritables principes de la science agronomique.

Les agronomes qui ont précédé M. *de Dombasle*, et M. *de Dombasle* lui-même au début de sa carrière agricole, montraient un superbe dédain pour ce qu'ils appelaient l'aveugle routine du paysan ; tandis que ce dernier, dont on n'avait pas examiné d'assez près les procédés et la marche obligée, et qui sentait que les difficultés si nombreuses dont sa carrière est hérissée, n'étaient point appréciées comme elles doivent l'être, repoussait avec humeur et persévérance des préceptes et des règles de conduite qui ne lui paraissaient pas en harmonie avec ses faibles ressources. D'ailleurs, pour tout dire aussi, le cultivateur, sans cesse exploité par les autres classes de la société, ne recevait d'elles des conseils qu'avec une défiance d'autant plus grande, qu'ils lui étaient donnés avec une espèce de morgue pédantesque, et par des hommes qu'il ne considérait pas comme siens, ni, par conséquent, comme juges compétents.

Cette situation antipathique des esprits ne pouvait donc qu'être très-contraire aux progrès réels de l'art et de la science agricoles. Ces deux aspects de la même industrie ne devaient donc se développer d'une manière normale et profitable, que par le rapprochement. M. de *Dombasle* n'est assurément pas le seul qui ait essayé de rapprocher ainsi la théorie et la pratique de l'agriculture; mais il est sans contredit celui qui a le plus complétement réussi dans cette tâche. Et il n'y est parvenu qu'en se plaçant dans les conditions ordinaires des cultivateurs; en se faisant fermier, fermier à bail, payant une rente, exploitant un sol jusqu'alors peu fertile, avec un capital borné, pour tirer de sa culture un loyer destiné à payer

un propriétaire , et des produits indispensables pour faire
face aux dépenses exigées par son exploitation. M. *de
Dombasle* a donc vécu de la vie du fermier; il s'est heurté
à tous les obstacles de cette existence , il en a ressenti
toutes les entraves , il en a subi toutes les chances , tous
les mécomptes et toutes les anxiétés. Comment donc ,
avec son intelligence supérieure , n'aurait-il pas apprécié
toutes les difficultés et tous les besoins de notre agriculture ? Aussi comprit-il bientôt que les grands obstacles
qui s'opposaient à l'amélioration de notre industrie agricole et du sort du cultivateur, étaient la pénurie des ca-
pitaux, l'imperfection des instruments , l'insuffisance de
l'instruction et le besoin des bons exemples. Dès lors il se
mit à l'œuvre avec une ardeur qui ne s'est jamais démen-
tie. Ses nombreux écrits, sa fabrication d'instruments
aratoires, son école, sa vaste correspondance, excitèrent
de toutes parts et dans tous les rangs le zèle , l'ardeur
et l'émulation des amis de l'agriculture. Sa voix fut en-
tendue de tous, par le cultivateur obscur et par l'homme
d'Etat; et son influence s'étendit au delà de nos frontières. L'impulsion était donnée pour ne plus s'arrêter ;
chaque jour en vit grandir les résultats. L'exemple de

Roville fut imité, et l'agriculture eut un enseignement public en France. D'autres capacités vinrent joindre leurs efforts à ceux du maître, et l'agriculture et la classe agricole de notre pays commencèrent cette émancipation intellectuelle qu'elles poursuivront, sans que rien puisse l'entraver désormais, et dont M. *de Dombasle* sera toujours considéré comme le principal et le plus actif initiateur.

Les hommes ont besoin de personnifier les siècles et les grands mouvements sociaux et intellectuels. M. *de Dombasle* sera, pour la postérité, la personnification du progrès agricole en France, comme *Arthur Young* et *Thaer* le seront pour l'Angleterre et l'Allemagne.

Tels sont les titres du fermier de Roville à la statue que lui a votée l'admiration de ses concitoyens, et à l'érection de laquelle les étrangers eux-mêmes ont voulu contribuer.

C'est là sans doute un glorieux hommage ; mais M. *de Dombasle* a bien mérité cet insigne honneur, par ses

nombreux travaux, par une vie vouée tout entière et sans
compensations matérielles à l'utilité de la France et de
l'humanité, et par l'impulsion qu'il a communiquée aux
esprits de ses contemporains. Et certes, la flatterie ne
sera pour rien dans cet honneur rendu à sa mémoire ; car
un fermier n'eut jamais de courtisans.

Pour comble de faveurs, la Providence, qui avait déjà
accordé à M. *de Dombasle* l'ineffable bonheur d'être utile
à ses semblables, la Providence a inspiré à un artiste célèbre, à une des gloires de la France, la généreuse pensée de reproduire pour la postérité les traits et la personne de son collègue à l'Institut. Cette pensée est le plus
bel hommage rendu à la mémoire de l'homme utile à
son pays. Il appartenait à M. *David* de modeler la statue
de ce noble et illustre paysan lorrain ; elle formera le
digne pendant de celle que ses mains ont élevée à
Guttemberg, au sublime ouvrier alsacien qui inventa
l'imprimerie.

Cette œuvre de M. *David* sera une nouvelle preuve de
son patriotisme ; car les artistes éminents, qui, comme lui,

honorent par leurs talents la mémoire des hommes dont
la vie a été consacrée à la gloire ou au bien de leur pays,
donnent eux-mêmes un témoignage éclatant de leur
amour pour la patrie.

Veuillez, etc.

FAWTIER.

Velaine, le 18 août 1845.

P. S. M. *de Meixmoron*, gendre de M. *de Dombasle*,
mettra avec empressement à la disposition de M. *David*
un buste de M. *de Dombasle*, qu'il fait exécuter en ce
moment, et qui, dit-on, sera d'une grande ressemblance.
On assure que ce buste sera la représentation fidèle d'un
portrait parfaitement ressemblant, peint, il y a quelques années seulement, par un artiste de mérite, M.
Pierre, de Nancy, et lithographié avec fidélité par un
dessinateur de Paris, M. *Duriez*.

(Extrait du Bon Cultivateur.)